DE LA SUPPRESSION

DE LA

SURVEILLANCE DE LA HAUTE POLICE

PAR

A. LEGRIN,

Substitut du Procureur de la République à Avranches.

Prix : 1 franc

PARIS

A. DURAND et PEDONE-LAURIEL, Éditeurs

Libraires de la Cour d'Appel et de l'Ordre des Avocats

G. PEDONE-LAURIEL, Successeur

13, rue Soufflot, 13

1882.

DE LA SUPPRESSION

DE

LA SURVEILLANCE DE LA HAUTE POLICE

Inconnue dans notre ancien droit, la surveillance ne figurait pas non plus au nombre des peines édictées dans le Code pénal de 1791. Le sénatus consulte organique du 28 floréal an XII autorisa la haute Cour de Justice à prononcer le renvoi sous la surveillance de la haute police, contre les accusés acquittés mais suspects. C'était une mesure politique édictée par l'homme qui, après avoir trahi son pays, devait voir dans chaque citoyen un ennemi de son ambition. Ce fut seulement en l'an XIII, que le décret du 19 ventôse, l'inscrivit dans notre législation pénale.

A la vérité, il existait bien autrefois une peine spéciale et non accessoire dans laquelle on pourrait trouver une certaine analogie avec le renvoi sous la surveillance de la haute police. Cette peine appelée : « *Peine d'interdiction de lieu* » était appliquée aux auteurs de menaces ou injures graves pouvant faire l'objet de haines et d'inimitiés capitales; elle fut abolie par le Code pénal de 1791 ; mais cependant on peut en trouver la trace dans notre législation criminelle actuelle. D'après les dispositions de l'article 229 du Code pénal, tout individu qui aura frappé un magistrat pourra être condamné à s'éloigner pendant cinq à dix ans du lieu où siège le magistrat et d'un rayon de deux myriamètres.

Cette disposition aura son exécution à dater du jour où le condamné aura subi sa peine.

Si le condamné, enfreint cet ordre avant l'expiration du délai fixé, il sera puni du banissement (1).

D'après le décret du 19 ventôse an XIII, tout forçat libéré devait déclarer dans quel département et dans quelle commune, il entendait fixer sa résidence; il recevait alors une feuille de route. Arrivé dans le département

---

(1) Article 228 du Code pénal : Tout individu qui même sans armes et sans qu'il en soit résulté de blessures, aura frappé un magistrat dans l'exercice de ses fonctions, ou à l'occasion de cet exercice, ou commis toute autre violence ou voie de fait envers lui dans les mèmes circonstances, sera puni d'un emprisonnement de deux à cinq ans.

Le maximum de cette peine sera toujours prononcé si la voie de fait a eu lieu à l'audience d'une Cour ou d'un Tribunal.

Le coupable pourra, en outre, dans les deux cas, être privé des droits mentionnés en l'article 42 du présent Code pendant cinq ans au moins et dix ans au plus, à compter du jour où il aura subi sa peine, et être placé sous la surveillance de la haute police pendant le même nombre d'années.

Article 229. — Dans l'un et l'autre des cas exprimés en l'article précédent, le coupable pourra de plus être condamné à s'éloigner pendant cinq à dix ans du lieu où siège le magistrat et d'un rayon de deux myriamètres.

Cette disposition aura son exécution à dater du jour où le condamné aura subi sa peine.

Si le condamné enfreint cet ordre avant l'expiration du temps fixé, il sera puni du bannissement.

qu'il avait choisi, il devait se présenter au Préfet, pour
déclarer dans quelle commune il voulait habiter ; le Préfet
l'y plaçait sous la surveillance des autorités locales.
Les forçats ne pouvaient choisir leur résidence dans les
villes de guerre ou dans celles situées à moins de trois
myriamètres de la frontière.

Le décret du 17 juillet 1806, enleva au condamné le
choix de sa résidence. La capitale, toutes les villes où il
existait des palais impériaux, ainsi que les ports où les
bagnes étaient établis, étaient interdits aux forçats libérés,
le Ministre de la Police pouvait en outre leur interdire
d'autres résidences; il pouvait leur fixer la commune où
ils devaient habiter, enfin ils étaient complétement soumis
à l'arbitraire administratif. Ils n'étaient plus obligés de
se présenter devant le Préfet du Département, mais seulement devant l'autorité de la commune où ils devaient
résider. Ils ne pouvaient quitter leur résidence sans l'autorisation du Préfet.

Ces décrets ne s'appliquaient qu'aux forçats libérés. Le
Code de 1810 donna une grande extension à la surveillance, mais en adoucissant toutefois la rigueur des règles
de cette mesure. Le condamné libéré (art. 44), pouvait
échapper à toute surveillance, en versant un cautionnement fixé par l'arrêt ou le jugement de condamnation.
Faute de fournir ce cautionnement, le gouvernement
avait le droit d'ordonner l'éloignement du condamné de
certaines communes et de lui prescrire sa résidence continue dans un lieu déterminé du territoire français.

Nous croyons utile de donner le texte de cet article.

Art. 44. L'effet du renvoi sous la surveillance de la
haute police de l'Etat sera de donner au Gouvernement,
ainsi qu'à la partie intéréssée, le droit d'exiger, soit de
l'individu placé dans cet état, après qu'il aura subi sa

peine, soit de ses père et mère, tuteur ou curateur s'il est en âge de minorité, une caution solvable de bonne conduite, jusqu'à la somme qui sera fixée par l'arrêt ou le jugement; toute personne pourra être admise à fournir cette caution.

D'après les dispositions de ce texte, on pourrait croire que du moment où le condamné avait fourni un cautionnement, il était affranchi de la surveillance; mais le Conseil d'Etat avait par arrêts du 4 août et du 20 septembre 1812, décidé:

1° Que, lorsque le cautionnement n'avait pas déterminé par l'arrêt ou le jugement de condamnation, le Ministère-public et la partie civile avaient seuls le droit de faire réparer cette omission, en saisissant de nouveau la juridiction qui avait statué. 2° Que dans le cas où la quotité du cautionnement avait été déterminée par l'arrêt ou le jugement, il était du pouvoir du Gouvernement et de la partie civile de soumettre le condamné à la surveillance en ne réclamant pas la somme indiquée.

Ainsi le droit du condamné à s'affranchir de la surveillance, en fournissant un cautionnement était complétement illusoire.

La loi du 28 avril 1832, modifia dans un sens plus humain les dispositions du Code de 1810.

L'article 44 du Code pénal qui établissait le mode de surveillance était ainsi conçu :

« L'effet du renvoi sous surveillance de la haute police sera de donner au Gouvernement le droit de déterminer certains lieux dans lesquels il sera interdit au condamné de paraître après qu'il aura subi sa peine. En outre, le condamné devra déclarer avant sa mise en liberté le lieu où il veut fixer sa résidence ; il recevra une feuille de route réglant l'itinéraire dont il ne pourra s'écarter et la durée de son séjour dans chaque lieu de passage. Il sera tenu de se présenter dans les vingt-quatre heures de son arrivée devant le maire de la commune ; il ne pourra changer de résidence sans avoir indiqué, trois jours à l'avance à ce fonctionnaire le lieu où il se propose d'aller habiter et sans avoir reçu de lui une nouvelle feuille de route. »

Ainsi, la surveillance consistait en deux choses : 1° droit d'interdire au condamné libéré certaines communes; par ex. : le domicile de la victime ou de la famille de celle-ci, des membres du jury, des témoins ; les communes où sont établies des maisons de détention, des bagnes et aussi certaines grandes villes où la présence d'un grand nombre de condamnés pouvait être dangereuse. 2° obligation pour le libéré de faire connaître à l'autorité le lieu de sa résidence.

L'article 44 du Code Pénal fut abrogé par le décret du 1er décembre 1851, qui, comme le sénatus-consulte organique du 28 floréal an XII, visait bien plutôt les condamnés politiques que les condamnés de droit commun.

Les articles 3, 4 et 5 de ce décret étaient ainsi conçus:

Art. 3. L'effet du renvoi sous la surveillance de la haute police sera, à l'avenir de donner au gouvernement le droit de déterminer le lieu dans lequel le condamné devra résider après qu'il aura subi sa peine.

L'administration déterminera les formalités propres à constater la présence continue du condamné dans le lieu de sa résidence.

Art. 4. Le séjour de Paris et celui de la banlieue de cette ville sont interdits à tous les individus placés sous la surveillance de la haute police.

Art. 5. Les individus désignés par l'article précédent seront tenus de quitter Paris ou la banlieue dans le délai de dix jours, à partir de la promulgation du présent décret, à moins qu'ils n'aient obtenu un permis de séjour de l'administration. Il sera délivré à ceux qui la demanderont une feuille de route et de secours qui réglera leur itinéraire jusqu'à leur domicile d'origine ou jusqu'au lieu qu'ils auront désigné. »

Aux termes de l'article 3 le gouvernement était le seul juge de savoir s'il devait ou non désigner une résidence au condamné libéré ; mais en tout cas le séjour de Paris et de la banlieue de cette ville était formellement interdit aux condamnés.

Ce décret devait rester en vigueur jusqu'au mois d'octobre 1870. Le gouvernement, au cours de cette année 1870, avait proposé lui-même le retour à l'article 44 du Code de 1832. Le Corps législatif vota la loi qui fut portée au Sénat ; mais les événements empêchèrent le vote de cette loi. L'empire tombé, le gouvernement de la Défense nationale, abrogea le 24 octobre 1870, le décret de 1851.

Ce décret de 1870 est ainsi conçu :

Art. 1. Le décret du 8 octobre 1851 et la loi du 17 février 1858 sont abrogés.

Art. 2. L'effet du renvoi sous la surveillance de la haute police sera ultérieurement réglé.

Les dispositions de ce décret soulevèrent une sérieuse difficulté ; on se demanda si la surveillance était encore réglementée, l'article premier abrogeant le décret de 1851 et l'article deux ne faisant revivre aucune législation ancienne, et n'en établissant point de nouvelle. Quelques tribunaux acquittèrent des prévenus de rupture de ban, en se fondant sur le motif que nous venons d'indiquer, mais les Cours d'appel consultées décidèrent à l'unanimité, que l'abrogation du décret de 1851, avait eu pour effet de faire revivre l'article 44 du Code Pénal de 1832.

Enfin le 30 janvier 1874, fut promulguée la loi actuellement en vigueur.

Cette loi modifie les articles 44, 46, 47 et 48 du Code Pénal.

D'après l'article 44, le condamné pourra toujours choisir sa résidence, et devra déclarer son choix quinze jours avant sa mise en liberté, c'est seulement à défaut de cette déclaration que le Gouvernement fixe la résidence. Toutefois la faculté est laissée à l'administration d'interdire certains lieux aux condamnés. Cette interdiction est générale ou particulière ; c'est-à-dire que le Gouvernement peut interdire certaines résidences à tous les condamnés sans exception ; ou certains lieux à certains condamnés ; par exemple la commune où le crime a été commis, où la victime habite, où elle a des parents, etc. ; aussi est-il recommandé aux Parquets de faire connaître sur les notices individuelles des condamnés à la surveillance, les résidences d'où ils devront être éloignés à l'expiration de leur peine.

Le condamné ne pourra quitter la résidence qu'il aura choisie ou qui lui aura été désignée avant un délai de six mois et sans l'autorisation du Ministre de l'Intérieur ; cependant les Préfets peuvent autoriser un déplacement dans les limites du département, mais à deux conditions, en cas d'urgence et à titre provisoire (1).

---

(1) Art. 44.— L'effet du renvoi sous la surveillance de la haute-police sera de donner au Gouvernement le droit de déterminer certains lieux dans lesquels il sera interdit au condamné de paraître après qu'il aura subi sa peine.

Le condamné devra déclarer au moins quinze jours avant sa mise en liberté, le lieu où il veut fixer sa résidence ; à défaut de cette déclaration, le Gouvernement la fixera lui-même.

Le condamné à la surveillance ne pourra quitter la résidence qu'il aura choisie ou qui lui aura été assignée, avant l'expiration

Après l'expiration du délai de six mois, et même avant si l'autorisation est obtenue, le condamné peut se transporter dans toute résidence non interdite, à charge d'en prévenir le maire huit jours à l'avance.

Le séjour de six mois est obligatoire pour le condamné dans chacune des résidences qu'il a successivement choisies à moins d'autorisation obtenue ainsi qu'il est dit plus haut.

Une feuille de route avec itinéraire obligé est remise au condamné qui doit se présenter dans les vingt-quatre heures de son arrivée au Maire de la commune qu'il doit habiter.

La durée de la surveillance ne peut excéder vingt ans (art. 46). Les condamnés aux travaux forcés à temps, à détention ou à la réclusion sont de plein droit pendant vingt ans après l'expiration de leur peine, sous la sur-

d'un délai de six mois sans l'autorisation du Ministre de l'Intérieur.

Néanmoins les préfets pourront donner cette autorisation :

1° Dans le cas de simples déplacements dans les limites mêmes de leur département ;

2° Dans les cas d'urgence, mais à titre provisoire seulement.

Après l'expiration du délai de six mois, ou avant même l'expiration de ce délai, si l'autorisation nécessaire a été obtenue, le condamné pourra se transporter dans toute résidence non interdite à la charge de prévenir le maire huit jours à l'avance.

Le séjour de six mois est obligatoire pour le condamné dans chacune des résidences qu'il choisira successivement pendant tout le temps qu'il sera soumis à la surveillance, à moins d'autorisation spéciale, donnée conformément aux dispositions précédentes, soit par le Ministre de l'Intérieur soit par les Préfets.

Tout condamné qui se rendra à sa résidence recevra une feuille de route réglant l'itinéraire dont il ne· pourra s'écarter et la durée de son séjour dans chaque lieu de passage.

Il sera tenu de se présenter dans les vingt-quatre heures de son arrivée devant le Maire de la commune qu'il devra habiter.

veillance, cependant l'arrêt de condamnation peut les affranchir de la surveillance ou en réduire la durée.

Quant aux condamnés à des peines perpétuelles, ils restent de plein droit pendant vingt ans sous la surveillance, à moins qu'il n'en soit autrement ordonné par les décisions gracieuses dont ils sont l'objet.

Les condamnés au bannissement (article 47) sont, à moins que l'arrêt n'en ait disposé autrement, de plein droit, sous la surveillance, pendant un temps égal à la durée de la peine qu'ils ont subie.

Enfin la surveillance (article 48) peut être remise ou réduite par voie de grâce ou suspendue par mesure administrative.

La prescription de la peine ne relève pas le condamné de la surveillance à laquelle il est soumis.

Si une peine perpétuelle est prescrite, le condamné est de plein droit sous la surveillance pendant vingt années à partir du jour de la prescription.

Telle est la loi actuelle, son application est facile et l'interprétation des textes ne peut donner lieu à aucune difficulté.

Art. 46. — En aucun cas, la durée de la surveillance ne pourra excéder vingt années.

Les coupables condamnés aux travaux forcés à temps, à la détention et à la réclusion, seront de plein droit, après qu'ils auront subi leur peine et pendant vingt années sous la surveillance de la haute police.

Néanmoins l'arrêt ou le jugement de condamnation pourra réduire la durée de la surveillance ou même déclarer que les condamnés n'y seront pas soumis.

Tout condamné à des peines perpétuelles, qui obtiendra commutation ou remise de la peine, sera, s'il n'en est autrement disposé par la décision gracieuse, de plein droit sous la surveillance de la haute police pendant vingt ans.

Art. 47. — Les coupables condamnés au bannissement seront

Etudions la peine de la surveillance au point de vue moral et voyons si elle doit être conservée dans notre Code.

Elle n'a qu'un but : celui de mettre les condamnés dangereux sous la main de l'autorité et les empêcher par là de commettre de nouveaux méfaits. Pour nous, nous n'hésitons pas à dire que la surveillance n'offre aucune garantie de sécurité, qu'elle est immorale et dangereuse, et c'est ce que nous allons prouver.

Nous disons que la surveillance n'offre aucune garantie de sécurité; en effet, rien n'empêche un condamné de se soustraire pendant quelques jours à la surveillance à laquelle il est soumis; la peine qu'il encourt pour avoir rompu son ban est relativement peu élevée, les tribunaux pouvant abaisser la peine jusqu'à vingt-quatre heures d'emprisonnement et si un surveillé a prémédité de commettre un crime, ce n'est pas la surveillance qui l'empêchera de mettre son projet à exécution. Tout en étant sous la

de plein droit sous la même surveillance pendant un temps égal à la durée de la peine qu'ils auront subie, à moins qu'il n'en ait été disposé autrement par l'arrêt ou le jugement de condamnation.

Dans les cas prévus par le présent article et par les paragraphes 2 et 3 de l'article précédent, si l'arrêt ou le jugement ne contient pas dispense ou réduction de la surveillance, mention sera faite, à peine de nullité; qu'il en a été délibéré.

Art. 48. — La surveillance pourra être remise ou réduite par voie de grâce.

Elle pourra être suspendue par mesure administrative.

La prescription de la peine ne relève pas le condamné de la surveillance à laquelle il est soumis.

En cas de prescription d'une peine perpétuelle le condamné sera de plein droit sous la surveillance de la haute police pendant vingt années.

La surveillance ne produit son effet que du jour où la prescription est accomplie.

surveillance, il est libre de ses mouvements, rien ne l'empêche donc de faire ce qu'il voudra et tout ce qui lui plaira. Ce point ne peut être l'objet d'aucune discussion.

On peut punir un surveillé qui a quitté sa résidence sans autorisation, mais on ne peut l'empêcher de circuler quand et où bon lui plaira; donc, au point de vue de la sécurité, cette peine est inutile. Supposons un surveillé qui a prémédité d'assassiner un individu qu'il sait posséder de l'argent; sera-ce la perspective de subir quelques jours ou quelques mois de prison qui l'empêchera de quitter sa résidence pour commettre son crime? Evidemment non.

Nous ajoutons qu'elle est immorale. Quand la Société, usant d'un droit incontestable, a puni un de ses membres, reconnu coupable, que doit-elle chercher? une seule chose, rendre cet individu meilleur, le relever, enfin en faire, malgré son passé un citoyen qui pourra se rendre un jour utile. Un condamné à la surveillance ne peut presque jamais se réhabiliter. Comment veut-on qu'un homme mis ainsi à l'index, connu comme ayant subi de graves condamnations, trouve à gagner son pain?

Un surveillé a choisi sa résidence, le maire est prévenu qu'un homme dangereux va venir habiter sa commune. Tout le monde le sait, s'effraye, c'est à qui lui fermera sa porte; qu'il se présente pour travailler, chacun s'écartera de lui et le malheureux n'aura de ressources que dans un changement de résidence; mais encore faut-il qu'il ait habité pendant six mois dans cette résidence qu'il a choisie. Et que devenir sans argent, sans travail, pendant six mois? et s'il obtient de changer de résidence, dans la nouvelle commune qu'il va habiter, ce sera toujours la même chose; il subira les mêmes avanies; il sera toujours l'homme suspect, l'homme dont on doit se défier;

alors qu'arrive-t-il ? Il part sans autorisation, se livre au vagabondage, à la mendicité. Il est arrêté et condamné : les mois de prison s'accumulent, la surveillance ne finit point ; le condamné se décourage et arrive à perdre tout bon sentiment.

Il n'est pas un magistrat interrogeant un individu prévenu de rupture de ban, à qui il n'ait pas été répondu :

Quand on est sous la surveillance, on n'a pas de travail, personne ne veut vous employer, et cependant on ne peut pas mourir de faim.

Pour un surveillé, il n'y a pas de réhabilitation possible, il est fatalement condamné à traîner sa vie de prison en prison où il perd le reste des bons sentiments qui pouvaient survivre en lui : il prend en haine la société qui le repousse et à qui en définitive il a payé sa dette en subissant sa peine ; ce n'est pas ce que le législateur a voulu cependant et en inscrivant dans nos codes le droit à la réhabilitation, il s'est engagé à mettre cette réhabilitation à la portée de tous. Il faut donc que le condamné, si criminel qu'il ait été, puisse avoir l'espérance qu'un jour il pourra reprendre sa place au milieu de ses concitoyens. Il faut chercher à moraliser et non décourager ; la surveillance décourage, avilit et dégrade, car elle met l'homme aux prises avec le besoin, et elle le marque d'un stigmate ineffaçable. Et si le surveillé a une famille, quelle situation pour elle, pour sa femme, pour ses enfants qui sont aussi l'objet de la défiance et de la réprobation publique. Quelle éducation pourra-t-il donner à ses enfants ? Il les élèvera dans la haine de tout ce qui existe, dans le mépris du bien, dans l'horreur de tout ce qui est juste et bon, et plus tard, se voyant aussi repoussés de partout, ils suivront la trace de leur père. Nous n'insistons pas, la peine de la surveillance, qu'on le sache bien, peut rejaillir sur des innocents.

Le séjour des grandes villes serait seul possible pour le surveillé, parce que, là, noyé dans la masse, il peut plus facilement échapper à la vue, on ne s'occupe pas de lui ni de ses antécédents, et il faut un véritable hasard pour que sa situation de repris de justice soit connue, et, cependant, nous reconnaissons qu'il y a intérêt à ne pas rassembler dans de grands centres, des gens qui à un certain moment peuvent être dangereux et qui pourraient servir d'instrument à des malfaiteurs trop habiles ou trop timides pour commettre eux-mêmes le crime qu'ils ont prémédité.

Nous avons établi que la surveillance n'offre aucune sécurité, qu'elle est immorale nous avons ajouté qu'elle est dangereuse.

Quand un homme se voit repoussé de toutes parts qu'il ne peut malgré sa bonne volonté se procurer du travail, que ses ressources sont épuisées ; il se demande ce qui lui reste à faire. Peut-être a-t-il une famille, des enfants qui pleurent en lui demandant du pain. Un homme touché de pitié, lui a donné du travail ; mais il vient d'être chassé par ceux qui travaillaient avec lui, il n'a pu supporter leurs sarcasmes, leurs railleries ; il n'a pu supporter les marques de leur défiance.

C'est un sentiment humain bien naturel ; on est honnête ou on n'aime pas à se trouver avec de malhonnêtes gens.

Que faire donc ? Mendier, mais il est fort et vigoureux, personne ne lui donnera, on le repoussera avec de dures paroles et s'il est arrêté, il va encore subir une nouvelle condamnation. Faudra-t-il donc voler ? du vol à l'assassinat il n'y a qu'un pas.

La surveillance est donc dangereuse car elle peut pousser celui qui en est l'objet à commettre un crime pour lequel il croira trouver l'impunité.

Poussé par le besoin, croyant pouvoir s'enrichir et al
ler vivre en pays étranger, il fera taire tout bon sentiment,
et pour se venger de la société qui le chasse de son sein et
qui lui refuse la place due à tout homme, il n'hésitera pas
à tremper sa main dans le sang. Et peut-être cet homme
n'était-il pas complètement perdu, peut-être était-il repen-
tant, peut-être il eût suffi de le réhabiliter devant lui-même,
de lui tendre une main secourable, enfin de lui montrer
qu'il pouvait redevenir honnête homme : mais non c'était
un surveillé, le besoin, la colère, la haine l'ont poussé à
commettre un crime qui le perdra à jamais et on a aussi
plongé dans le deuil la famille de la victime parce que
l'auteur du crime n'a pu se réhabiliter.

Nous avons suffisamment démontré le danger de la
surveillance; elle n'offre aucune garantie pour la sécurité
publique ; elle est immorale puisqu'elle empêche celui
qui en est l'objet de revenir à de meilleurs sentiments :
une telle peine doit disparaître de nos codes.

Faut-il cependant ne prendre aucune précaution contre
des individus notoirement dangereux ? Non, on pourrait
laisser à l'autorité le droit d'interdire à un condamné certaines résidences, mais il faudrait que tout libéré fût libre
de circuler partout où il ne lui serait pas interdit d'aller,
et il faudrait alors qu'une peine très-sévère vînt frapper
celui qui enfreindrait la défense dont il est l'objet; parce
qu'alors il n'aurait plus d'excuse pour se refuser à obéir à
la mesure qu'on a cru devoir prendre envers lui.

Si un individu est tellement dangereux, que sa présence
soit un péril permanent, il y a dans l'intérêt général, une
mesure à prendre contre lui ; qu'on l'expulse du pays ou
qu'on le transporte dans une colonie.

Si l'on consulte les statistiques, on verra que tous les
ans, le nombre des ruptures de ban augmente d'une

façon effrayaute et qu'il est urgent de prendre des précautions pour enrayer ce mal.

Voici le relevé des condamnations prononcées pour rupture de ban, de 1870 à 1880 :

1870	3364	AFFAIRES	3376	PRÉVENUS
1871	2882	»	2905	»
1872	2981	»	3000	»
1873	3158	»	3177	»
1874	3738	»	3768	»
1875	3898	»	3917	»
1876	4137	»	4157	»
1877	4267	»	4288	»
1873	4467	»	4498	»
1879	4284	»	4308	»

Aujourd'hui que l'on s'occupe avec un zèle si louable de toutes les réformes qui peuvent être nécessaires à notre pays, il nous a paru utile de signaler à l'attention la peine de la surveillance qui, à notre avis, devrait disparaître de notre Code pénal.

FIN

CHERBOURG. — IMPRIMERIE CH. SYFFERT, RUE DE LA DUCHÉE.

A. DURAND et PEDONE-LAURIEL, Éditeurs
LIBRAIRES DE LA COUR D'APPEL ET DE L'ORDRE DES AVOCATS
G. PEDONE-LAURIEL, Successeur
13, rue Soufflot, à Paris.

LA FRANCE JUDICIAIRE

REVUE BI-MENSUELLE

DE LÉGISLATION, DE JURISPRUDENCE ET D'ÉLOQUENCE JUDICIAIRE

plus spécialement consacrée à recueillir

LES LOIS ET DÉCISIONS JUDICIAIRES LES PLUS IMPORTANTES

ET LES ARRÊTS ET JUGEMENTS RENDUS DANS LE

RESSORT DE LA COUR D'APPEL DE PARIS

(Fondée en 1876)

PUBLIÉE SOUS LE PATRONAGE DE

MM. **G. Bédarrides** (C. ✻), président de chambre à la cour de cassation ; — **Larombière** (C. ✻), premier président à la cour de Paris, membre de l'Institut ; — **E. Glasson**, professeur à la faculté de droit, de Paris, membre de l'Institut ; — **E. Rousse** (✻), ancien bâtonnier de l'Ordre des avocats de Paris, membre de l'Académie française.

PAR

Charles CONSTANT

Avocat à la Cour d'Appel de Paris
Officier d'Académie

AVEC LE CONCOURS ET LA COLLABORATION DE

MM. **Bauny de Récy**, sous-chef à la direction générale des Domaines ; — **Bazille**, avocat au conseil d'État et à la cour de cassation ; — **Chaix d'Est-Ange** (✻), avocat à la cour de Paris ; — **Coulon**, avocat à la Cour de Paris ; — **Daniel de Folleville**, doyen de la faculté de droit de Douai ; — **Desjardins** (✻), avocat général à la cour de cassation, membre de l'Institut ; — **Albert Desjardins**, professeur à la faculté de droit de Paris ; — **Dramard**, conseiller à la cour de Limoges ; — **Féraud-Giraud** (✻), conseiller à la cour de cassation ; — **Ed. Fey**, avocat à la cour de Paris ; — **Flourens** (O. ✻), conseiller d'État ; — **Garraud**, professeur à la faculté de droit de Lyon ; — **Herbet**, avocat à la cour de Paris ; — **Hugues**, conseiller à la cour d'Alger ; — **Labbé** (✻), professeur à la faculté de droit de Paris ; — **Le Courtois**, professeur à la faculté de droit de Poitiers ; — **Martin le Neuf de Neuf-Ville** (O. ✻), vice-président du tribunal d'Alençon ; — **Moret**, avocat au Conseil d'État et à la cour de cassation ; — **Morillot**, avocat général près la cour de Besançon ; — **Pradier-Fodéré** (✻, ✻), doyen honoraire de la faculté des sciences politiques et administratives à l'Université de Lima ; — **L. de Resbecq**, avocat à la cour de Paris ; — **Testoud**, professeur à la faculté de droit de Grenoble ; — **Vente** (✻), conseiller à la cour de cassation ; — **Villey**, professeur à la faculté de droit de Caen, et plusieurs autres membres de la magistrature et du barreau.

PRIX DE L'ABONNEMENT
18 francs par an

LA FRANCE JUDICIAIRE publie, dans sa 2e partie, avant tout autre recueil périodique, les arrêts et jugements les plus récents, et dans sa 3e partie, une Revue des travaux législatifs.